BEI GRIN MACHT SICH IHR WISSEN BEZAHLT

Bibliografische Information der Deutschen Nationalbibliothek:

Die Deutsche Bibliothek verzeichnet diese Publikation in der Deutschen National-
bibliografie; detaillierte bibliografische Daten sind im Internet über http://dnb.d-
nb.de/ abrufbar.

Impressum:

Copyright © 2018 GRIN Verlag
Druck und Bindung: Books on Demand GmbH, Norderstedt Germany
ISBN: 9783346020666

Dieses Buch bei GRIN:

https://www.grin.com/document/499819

Jessica Sattler

Soziopathen. Der Einfluss der Kindheit auf die Zukunft

GRIN Verlag

GRIN - Your knowledge has value

Der GRIN Verlag publiziert seit 1998 wissenschaftliche Arbeiten von Studenten, Hochschullehrern und anderen Akademikern als eBook und gedrucktes Buch. Die Verlagswebsite www.grin.com ist die ideale Plattform zur Veröffentlichung von Hausarbeiten, Abschlussarbeiten, wissenschaftlichen Aufsätzen, Dissertationen und Fachbüchern.

Besuchen Sie uns im Internet:

http://www.grin.com/

http://www.facebook.com/grincom

http://www.twitter.com/grin_com

Wissenschaftliche Arbeit im Fach Ethik

Gut und Böse

Wie die Kindheit die Zukunft von Soziopathen beeinflussen kann

Berufliches Gymnasium der Fachrichtung
Informations- und Kommunikationstechnologie
Der Semper Schulen Dresden

Vorgelegt von
Jessica Sattler

[Dresden, 26.11.2018]

Inhaltsverzeichnis

1. Einleitung

Die Verhaltensweisen eines Menschen sind ein breit gefächertes Thema in der Psychologie. Immer wieder beschäftigen sich Psychologen mit den Gründen für bestimmte Verhaltensmuster ausgewählter Menschen und versuchen diese dann auch nachzuvollziehen. Warum tötet ein Mensch seine Mitmenschen? Warum haben manche Menschen schon im frühen Kindheitsalter hohes Gewaltpotenzial und wie wirkt sich das später auf das Erwachsenenleben aus? Oft fällt in diesem Themengebiet der Begriff der dissozialen Persönlichkeitsstörung, allgemein bekannt auch als *Soziopathie*.

Die Wissenschaftliche Arbeit befasst sich im Allgemeinen mit der Kindheit von sogenannten *Soziopathen* und die eventuell daraus resultierenden Gründe für ein späteres, aggressives und vielleicht auch gewalttätiges Verhalten. Das Thema wird als **Gut und Böse – Wie die Kindheit die Zukunft von Soziopathen beeinflussen kann,** formuliert. Es wird als These aufgestellt, **dass gewalttätige Erwachsene, die in das Muster eines Soziopathen fallen, in ihrer Kindheit ein oder mehrere traumatische Erlebnisse erfahren haben müssen, die ihre gewalttätigen Züge so ausgeprägt haben.** Um die These zu belegen (oder eventuell am Ende zu widerlegen) gilt es herauszufinden, ob man Kinder mit einer dissozialen Persönlichkeitsstörung, also einem Soziopathen-Potenzial, auf eine sorgenfreie Zukunft vorbereiten kann, sei es mit einer Therapie oder einer besonderen Erziehung.

Die Auswahl ebendieses Themas lässt sich mit einem hohen persönlichen Interesse begründen. Seit jeher gab es immer wieder eine Vielzahl gewalttätiger Verbrechen, die nicht ohne Grund begangen wurden. Menschen haben andere Menschen aus purer Lust heraus getötet. Sogenannte Serientäter erlangen dann schnell an Berühmtheit und die Beleuchtung der Kindheit der Täter lässt oft auf verschiedene Begründungen für ebensolche Verhaltensweisen deuten. Zudem gibt es auch nicht-mordende oder noch-nicht-mordende Soziopathen unter der Masse an Menschen, die eine außergewöhnliche und zugleich auch interessantere Wahrnehmung von Menschen und ihrer Umgebung haben, als die Leute um sie herum. Unter Anderem spielen hier Empathiegefühl, die Missachtung sozialer Normen und Regeln oder eine geringere Frustrationstoleranz eine wichtige Rolle. Diese Merkmale treten oft schon in der Kindheit auf und machen das Thema zu einer interessanten Forschungsarbeit. Das Thema bietet viel Material für ein ausführliches Endprodukt und ist auch heute noch sehr aktuell und häufig vertreten

2. Dissoziale Persönlichkeitsstörung

Um das Verhalten bei einer Dissozialen Persönlichkeitsstörung zu verstehen, gilt es den Begriff der Dissozialität zu klären. Aus Sicht der Kinder- und Jugendpsychiatrie wird die Dissozialität am Verhalten eines Betroffenen fest gemacht. „Sie umschreiben Verhaltensweisen, die altersgemäßen Normen, Regeln oder Rechte beeinträchtigen." [1] Die Dissoziale Persönlichkeitsstörung wird auch häufig als „antisoziale Persönlichkeitsstörung" bezeichnet. Leute mit solch einer Verhaltensauffälligkeit werden in unserer Gesellschaft oftmals als *Soziopathen* bezeichnet.

2.1. Einordnung

Die dissoziale Persönlichkeitsstörung lässt sich, wie der Name schon sagt, in die psychologische Kategorie der Persönlichkeitsstörungen einordnen. Eingeordnet wird sie nach den *Internationalen statistischen Klassifikationen der Krankheiten und verwandter Gesundheitsprobleme*, dem ICD (ausgeschrieben: International Statistical Classification of Diseases and Related Health Problems). Dies ist ein weltweit anerkanntes Klassifikationssystem im Bereich der medizinischen Diagnosen. Die Persönlichkeitsstörung „definiert sich nach ICD-10 als „tief verwurzelte, anhaltende", dabei weitgehend *situationsübergreifende Verhaltensmuster*, welche sich in *„starren Reaktionen"* zeigen;". [2] Die jeweiligen Störungen haben ihren Ursprung oftmals in der Kindheit oder der Endphase des Jugendalters. [3] Dabei lassen sich verschiedene Unterordnungen unterscheiden. Eine davon ist die der Dissozialen Persönlichkeitsstörung. Laut dem DSM-IV (Diagnostic and Statistical Manual of Mental Disorders, englisch für: „diagnostischer und statistischer Leitfaden psychischer Störungen"), einem weiteren Klassifikationssystem der Psychiatrie, folgt die dissoziative Persönlichkeitsstörung einem „tiefgreifenden Muster von Missachtung und Verletzung der Rechte anderer."[4]

2.2. Merkmale und Ursachen

Betroffene der dissozialen Persönlichkeitsstörung haben vor allem Probleme im Umgang mit anderen Menschen in ihrer Umgebung. So haben sie ein geschwächtes bis nicht vorhandenes Empfinden von Empathie ihren Mitmenschen gegenüber, sind verantwortungslos und missachten die sozialen Regeln und Normen. Auch haben sie ihre Schwierigkeiten damit längerfristige Beziehungen zu führen und neigen dazu schnell ein aggressives Verhalten an den Tag zu legen und eine geringe Frustrationstoleranz zu haben. Zudem fällt es ihnen schwer ein Schuldbewusstsein zu empfinden und sie sind nicht fähig, die Schuld bei sich zu finden. [5]

[1] Preuß, Ulrich / Freisberg, Regina (Hgg.): Störungen des Sozialverhaltens und Dissozialität. Entwicklungspsychologie, pädagogische Konzepte, Delinquenz, Begutachtung. Berlin: MWV Medizinisch Wissenschaftliche Verlagsgesellschaft, 2014, S. 21.
[2] Köhler, Thomas: Biologische Grundlagen psychischer Störungen. Göttingen; Bern; Wien [u.a.]: Hogrefe, 2., überarb. Aufl., 2005, S. 222; Anpassung J.S.
[3] Vgl. Köhler, S. 222.
[4] Rupp, Christian: Psychopath, Soziopath & Co: Unterschiede, Ursachen & Therapie. PRAXIS FÜR PSYCHOTHERAPIE CHRISTIAN RUPP 2013. Online veröffentlicht am 22. April 2013. Letzter Zugriff am 19. November 2018 um 12:13 Uhr (https://psychotherapie-rupp.com/tag/dissoziale-personlichkeitsstorung/)
[5] Vgl. Köhler, S. 228.

Betroffene mit dieser Störung haben demzufolge Schwierigkeiten Kontakte mit anderen Menschen zu knüpfen und verfallen oft in gewalttätige Muster. Dabei können sie ihr aggressives Verhalten schwer kontrollieren.

Gründe für solch eine Störung des Sozialverhaltens können sowohl in der Gesellschaft, als auch in der Biologie begründet liegen. So spielen „individuelle, biologische und situative Faktoren, das soziale Umfeld, gesellschaftliche und kulturelle Faktoren" [6] eine große Rolle.

Besonders im familiären Umfeld treten häufiger die Ursachen dieser Störung auf. So können schon kleinere familiäre Änderungen oder Abweichungen der Normen wie die Trennung der Eltern, ein häufiger Wechsel der Elternfiguren (zum Beispiel durch Adoptionen), schwierige Persönlichkeitsmerkmale der Eltern (zum Beispiel Depressionen, emotionale Distanzierung), Misshandlung, Vernachlässigung oder ein besonders hoher, beziehungsweise niedriger, sozialer Familienstatus ein hoher Faktor für die Entwicklung einer dissozialen Persönlichkeitsstörung sein. [7] Diese Auslöser finden in der Kindheit der Betroffenen Platz und sind somit nicht angeborener Natur.

Bei den biologischen Faktoren hingegen vermutet man eine „genetische Belastung der Eltern" [8], die ebenso an Umweltbedingungen geknüpft sein kann. Doch auch biologische Faktoren, wie „Störungen im Bereich der Neurotransmitter, v.a. Serotonin, Dopamin und Noradrenalin, eine serotonerge Unterfunktion" [9] können Gründe für eine angeborene Störung des Sozialverhaltens sein. Im Bereich der Neurophysiologie beruft man sich auf eine Unausgeglichenheit zwischen Hemmung und Aktivierung, ein geringes Aktivierungsniveau im Bereich des autonomen Nervensystems, eine „Störung der exekutiven Funktionen" [10], als auch auf eine Störung im Zusammenspiel des limbischen Cortex mit dem Frontalhirn. [11]

3. Dissoziale Persönlichkeitsstörungen in der Kindheit

Durch eine angeborene Störung oder eine spätere Bildung dieser sind auch häufig Kinder von der dissozialen Persönlichkeitsstörung betroffen. Oft geht bei Kindern neben einer antisozialen- auch eine aggressive Störung einher. Werden diese Störungen nicht rechtzeitig oder gar nicht diagnostiziert, kann das spätere Folgen für die betroffenen Kinder im Erwachsenenalter haben.

3.1. Gründe und Häufigkeit bei betroffenen Kindern

Die Gründe für ein Auftreten solch einer Störung bei Kindern kann angeborenen Ursprungs sein oder sich durch soziale Bedingungen, die einen schwerwiegenden Umschwung im Leben des Kindes bedeuten, entwickeln. [12] Ob ein Kind auf eine drastische soziale Veränderung mit einer aggressiven oder antisozialen Art und später eventuellen Störung reagiert, ist von Kind zu Kind unterschiedlich.

[6] Vgl. Preuß / Freisberg, S. 24.
[7] Vgl. Preuß / Freisberg, S. 24.
[8] Preuß / Freisberg, S. 25.
[9] Preuß / Freisberg, S. 25.
[10] Preuß / Freisberg, S. 25.
[11] Vgl. Preuß / Freisberg, S. 25.
[12] Siehe dazu S. 4.

Hierbei kommt es auf die seelische Stärke an und wie ein Kind sich psychisch mit solch einem Erlebnis zur Wehr setzen kann. Das ist bei Kindern nicht anders als bei Erwachsenen. Bei Kindern spricht man hier von einer Störung des Sozialverhaltens. Die Häufigkeit der betroffenen Kinder variiert je nach Geschlecht. Im Allgemeinen „sind über einem Erfassungszeitraum von bis zu einem Jahr bis zu 8% der Kinder und Jugendlichen aus der Allgemeinbevölkerung betroffen". [13] Bei den Jungen variiert die Zahl dabei zwischen etwa 6% bis 16%, bei den Mädchen um die 2% bis 9%. [14] Ob ein Kind auch im späteren Alter eine antisoziale Persönlichkeitsstörung beibehält, hängt vermehrt mit der Schwere der Diagnose der Störung des Sozialverhaltens im Kindesalter zusammen. So ist die Wahrscheinlichkeit größer, dass die Diagnose der antisozialen Persönlichkeitsstörung im Erwachsenenalter aufgestellt wird, wenn der Betroffene einen hohen Schweregrad für eine Diagnose der Störung des Sozialverhaltens diagnostiziert bekommen hat. Auch das Alter des Betroffenen, in dem die Störung des Sozialverhaltens festgestellt wurde, spielt hierbei eine Rolle. Eine Feststellung der Störung vor dem 6. Lebensjahr ergab ein höheres Risiko für die spätere weiterentwickelte antisoziale Persönlichkeitsstörung, als eine Feststellung nach dem 12. Lebensjahr.

Wurde vor dem 6. Lebensjahr die Diagnose „Störung des Sozialverhaltens" auf „gering" eingestuft, so hat das betroffene Kind ein 3,2% Risiko für eine Diagnose der antisozialen Persönlichkeitsstörung, wenn es erwachsen ist. Ein Kind, welches hingegen älter als 12 Jahre ist, hat mit der Diagnose nur ein 0,9% Risiko auf eine antisoziale Persönlichkeitsstörung im späteren Alter.

Ähnliche Ergebnisse lassen sich mit dem schweregrad „hoch" feststellen. Ein Kind, welches die Diagnose der „Störung des Sozialverhaltens" vor dem 6. Lebensjahr bekommt, hat ein Risiko von 71% an einer späteren antisozialen Persönlichkeitsstörung zu leiden. Wurde die Diagnose allerdings nach dem 12. Lebensjahr gestellt, so sinkt das Risiko auf 48%. [15]

Daraus lässt sich schließen, dass Kinder, die schon in sehr jungen Jahren, fast schon im Kleinkindalter, Auffälligkeiten im Sozialverhalten zeigen, ein höheres Potenzial haben im Erwachsenenalter diese Störung beizubehalten und sie weiter zu entwickeln. Es gilt also: „Je früher die Störung beginnt und je länger sie besteht, desto ungünstiger ist der Entwicklungsverlauf des Kindes oder Jugendlichen". [16] Somit ist eine Behandlung schwieriger und es können sogar weitere Störungen hinzutreten. [17]

3.2. Verhalten der Betroffenen

Kinder mit einer dissozialen Persönlichkeitsstörung zeigen die typischen Merkmale auf, die auch Betroffene im Erwachsenenalter betreffen. Das erhöhte aggressive Verhalten der Kinder lässt die dissoziale Persönlichkeitsstörung auch zu der aggressiven – dissozialen Persönlichkeitsstörung werden. Besonders

---

[13] Petermann, Franz / Döpfner, Manfred / Schmidt, Martin H.: Aggressiv-dissoziale Störungen. Göttingen; Bern [u.a.]: Hogrefe, Verl. für Psychologie, 2001, S. 8.
[14] Vgl. Petermann / Döpfner / Schmidt, S. 8.
[15] Tab. 2: Risiko für die Entwicklung einer antisozialen Persönlichkeitsstörung in Abhängigkeit von der Diagnose „Störung des Sozialverhaltens (nach Robins, 1991) (Petermann; Döpfner; Schmidt 2001, S.10)
[16] Petermann / Döpfner / Schmidt, S. 10 – 11.
[17] Vgl. Petermann/ Döpfner/ Schmidt, S. 11.

auffällig im Verhalten der Kinder mit dieser Verhaltensstörung ist dementsprechend ihr „aggressives Verhalten gegenüber Menschen und Tieren" [18], ein zerstörerisches Verhalten dem Eigentum anderer gegenüber, Regelverstöße, und Verstöße gegen altersbedingten Normen und auch Regeln. [19] Auch geraten diese Kinder schnell in Wut und haben „ungewöhnlich häufige Wutausbrüche oder ungewöhnlich starke Wutausbrüche". [20] Im Jugendalter kommen oftmals auch die Muster des „stehlen, schulschwänzen und weglaufen" [21] mit hinzu.

Allerdings können Kinder auch weniger aggressiv vorgehen. So zeigen diese zwar trotzdem feindselige, trotzige und ungehorsame Verhaltensweisen auf, wenden aber nicht zwangsweise körperliche Gewalt an. Dafür werden sie schnell wütend, widersetzen sich Autoritätspersonen, können sich ihre Fehler nicht eingestehen und sind oftmals auch sehr nachtragend. Zudem verärgern diese Kinder auch gerne andere Menschen und scheinen somit ein weniger ausgeprägtes Empathiegefühl zu besitzen. [22]

3.3. Therapie und Umgang mit Betroffenen

Besonders wichtig im Umgang mit betroffenen Kindern ist es, die Störung so früh wie möglich zu erkennen und ihr nachzugehen. Natürlich muss man hier von kindlichem oder auch pubertärem Verhalten unterscheiden, doch sollte man Anzeichen dieser Störung nicht unterschätzen. Eine Behandlung der dissozialen Persönlichkeitsstörung ist umso effektiver, je eher man mit ihr beginnt. [23] Eine Hilfe für Eltern oder Angehörige von Kindern mit aggressiven oder dissozialen Verhalten kann der Triple P-Ansatz sein. Dieser Ansatz wurde in Australien ausgearbeitet „und möchte positive Erziehungsverhalten (Triple P = Positive Parenting Program) aufbauen." [24] Dabei soll den Eltern strategisch beim Umgang mit den Kindern geholfen werden und ihnen helfen, die Eltern-Kind-Beziehung zu verbessern. Sie sollen „zu ihrem Kind eine positive Bindung aufbauen", „es in seiner Entwicklung fördern" und „effektiv mit dem Problemverhalten des Kindes umgehen können". [25]

Wichtig ist es, dem Kind bei einer Sozialstörung nicht noch mehr die soziale Ebene zu nehmen, indem man sich von ihm entfernt oder die Anzeichen ignoriert. Vielmehr muss man das soziale Band versuchen zu stärken. Dr. Klaus Wolf, Professor an der Universität Siegen, beschreibt es darin, den „Lernprozess anzuregen, günstige Entwicklungsbedingungen zu arrangieren und biografische Prozesse von Kindern, die einen schwierigen Start hatten, günstig zu beeinflussen." [26] Es gilt also Kindern ein stabiles Umfeld zu bieten und mit ihnen gemeinsam Lernfelder zu bestreiten und ihnen dabei zur Seite zu stehen. [27] Geht man allerdings in die andere Richtung, also beachtet man die Störungen der Kinder nicht, ergründet nicht die Ursachen und gleicht diese nicht aus, so ist es möglich, dass sich der Zustand dieser Störung noch verstärkt.

[18] Petermann / Döpfner / Schmidt, S. 3; Anpassung J.S.
[19] Vgl. Petermann / Döpfner / Schmidt, S. 3.
[20] Deegener, Günther / Körner, Wilhelm (Hgg.): Gewalt und Aggression im Kindes- und Jugendalter: Ursachen, Formen, Intervention. Weinheim; Basel: Beltz, 2011, S. 127, Anpassung J.S.
[21] Deegener / Körner, S. 127, Anpassung J.S.
[22] Vgl. Petermann / Döpfner / Schmidt, S. 4 – 5.
[23] Vgl. Petermann / Döpfner / Schmidt, S. 28.
[24] Petermann / Döpfner / Schmidt, S. 28.
[25] Petermann / Döpfner / Schmidt, S. 28.
[26] Preuß / Freißberg, S. 7.
[27] Preuß / Freisberg, S. 8.

Sollte diese Heimmethode nicht funktionieren, oder wenn es nicht möglich ist diese Methode auszuüben, so gibt es auch die Möglichkeit verschiedenster Therapieansätze. In einem Praxisführer für die Antisoziale Persönlichkeitsstörung finden sich mehrere Behandlungsansätze. Diese wären ein psychodynamischer Ansatz, ein individualpsychologischer Ansatz nach Adler, ein biosozialer, lerntheoretischer Ansatz, die motivierende Gesprächsführung, ein eklektizistischer Ansatz, der traditionell kognitiv-behavior Ansatz und ein Ansatz auf Grundlagen der dialektisch-behavioralen Therapie. [28] Im weiteren Verlauf der Wissenschaftlichen Arbeit wird allerdings nur der psychodynamische Ansatz, die Individualpsychologie und die motivierende Gesprächsführung weiter erläutert.

Bei dem psychodynamischen Ansatz schlüpft der Therapeut in die Rolle des beobachtenden Ich's, um sich dem Patienten zu nähern. Das beobachtende Ich ist in der Lage, die Reaktion des Patienten, aber auch die des Therapeuten zu beobachten. Dies wäre ein Schlüssel, um die Gefühle des Patienten einer anderen Person gegenüber zu verstehen. [29] Es beugt vor allem einer Manipulation des Patienten dem Therapeuten gegenüber vor, ein nicht unübliches Verhalten von soziopathisch-veranlagten Menschen. Der Therapeut kann dann völlig neutral, ohne Einwirkungen des Patienten, eine geeignete Verhaltenstherapie starten.

Bei der Individualpsychologie nach Alfred Adler wird der Patient als Ganzes betrachtet. Es wird kein Augenmerk auf einzelne, persönliche Teile gelegt, sondern auf das ganze Individuum. Es wird hierbei mehr Gewicht auf die Ziele des Verhaltens gelegt, als auf die Gründe. „Wir untersuchen die Ziele, die Personen sich selbst setzen, sowohl in der unmittelbaren Zukunft, als auch in der langfristigen Perspektive." [30]

Bei der motivierenden Gesprächsführung wird besonders Wert darauf gelegt, ein Motivationsgefühl für Veränderungen aufzubauen. Dabei wird ein reflektierendes Zuhören zwischen Therapeuten und Patient angewendet, es wird Wert auf die Ziele des Patienten gelegt und versucht, ihm die Motivation auf Veränderungen zu erleichtern und es muss eine große Vertrauensbasis aufgebaut werden. Diese Vertrauensbasis stärkt den Willen auf Veränderung und Motivation. Wichtig ist hierbei, dass der Patient diese Motivation selbst finden muss und sie auch selbst nutzen möchte. Es soll nicht versucht werden diese Motivation „einzuflößen". [31]

Dies sind drei von vielen verschiedenen Praxisansätzen in der Psychotherapie bei der antisozialen (oder dissozialen) Persönlichkeitsstörung. Therapeutische Hilfen sind allerdings nur eine zusätzliche Hilfe zu der Heimerziehung oder dem Umgang im sozialen Umfeld. Patienten mit solch einer Persönlichkeitsstörung sind auf soziale Hilfe angewiesen, die ein Therapeut allein schwer auf lange Sicht bieten kann. Auch wenn man therapeutische Unterstützung hat sollte man, vor allem bei Kindern, auch eine persönliche, soziale Ebene fördern und unterstützen. In manchen Fällen und bei frühzeitigem Erkennen kann dies sogar manchmal schon ausreichen.

[28] Vgl. Rotgers, Frederick / Maniacci, Michael (Hgg.): Die antisoziale Persönlichkeitsstörung: Therapien im Vergleich: ein Praxisführer. Bern : Huber, 2007, S. 27.
[29] Vgl. Rotgers / Maniacci, S. 44 – 45.
[30] Rotgers / Maniacci, S. 73.
[31] Rotgers / Maniacci, S. 205 – 206.

4. Soziopathie – eine Untersuchung am Beispiel Jeffrey Dahmer

Jeffrey Dahmer, auch bekannt als das Monster von Milwaukee, gilt als einer der Bekanntesten unter den Serienmördern. Mindestens 17 Menschen sind ihm zum Opfer gefallen. Allesamt hat er sie getötet, missbraucht, verstümmelt und gegessen. Dabei wirkte er auf seine Mitmenschen allerdings immer komplett normal und wie jeder andere auch. Keiner, der Dahmer kannte, konnte sich auch nur im Entferntesten vorstellen, dass Dahmer zu so etwas in der Lage sei. Jeffrey Dahmer ist ein Paradebeispiel eines Soziopathen.

4.1. Kindheit und mögliche Ursachen

Dahmer wurde 1960 in Milwaukee geboren. Seine Eltern waren eine Hausfrau und ein Chemiker. Die Ehe der Eltern Dahmers schien schon in der Zeit nach seiner Geburt nicht mehr so gut zu funktionieren. Jeffrey Dahmers Mutter litt kurz nach der Geburt an einer postpartalen Depression. Schon während der Schwangerschaft musste sie aufgrund von Krampfanfällen Medikamente, wie Morphin und Barbiturate, zu sich nehmen. Der Zustand der Mutter verschlechterte sich noch im Laufe der Jahre, sowohl psychisch als auch physisch. Sie war oftmals dazu angehalten im Bett zu bleiben und entwickelte eine Medikamentenabhängigkeit. [32] In der Zeit baute Dahmers Vater gerade seine Karriere auf, weshalb er wenig Zeit für die Familie aufbrachte und somit auch weniger Zeit für seinen Sohn.

Nach einer Operation Dahmers im März 1964 veränderte sich die Art des damals Vierjährigen. In späteren Jahren beschrieb Dahmers Vater diese damalige Wandlung. „During any period of recovery, a certain flattening of mood could be expected. But in Jeff, this flattening began to take on a sense of something permanent." („Während der Zeit der Genesung ist eine gewisse Abflachung der Stimmung zu erwarten. Aber in Jeff begann diese Abflachung etwas Permanentes zu werden.") [33]

In der Schule hatte Dahmer nur wenig Kontakt zu anderen Kindern, doch trotzdem hatte er ein paar Spielkameraden. Er selbst meinte einmal, rückblickend auf seine Kindheit: „When I was a little kid I was just like anybody else." („Als ich ein Kind war, war ich wie jeder andere auch.") [34]

Während Dahmers Kindheit verschlechterte sich der psychische Zustand seiner Mutter. Sie ging in eine psychiatrische Klinik. Die Ehe zwischen ihr und ihrem Mann litt schwer darunter, es kam zukünftig häufiger zu Streit und oftmals musste deswegen auch die Polizei gerufen werden. Dahmer bekam dies alles mit, seinen Frust ließ er mit Ästen und Stöcken an Bäumen aus. [35]

---

[32] Vgl. Masters, Brian: The Shrine of Jeffrey Dahmer. London: Hodder & Stoughton, 1993, S. 25, 31.
[33] Anft, Michael: Dahmer's dad puts blame on himself. The Baltimore Sun 1994. Online veröffentlicht am 9. März 1994. Letzter Zugriff am 21. November 2018 um 12:49 Uhr. (http://articles.baltimoresun.com/1994-03-09/features/1994068149_1_dahmer-hinckley-jeffrey)
[34] Masters, S. 24.
[35] Vgl. Masters, S. 31.

Ab etwa seinem 10. Lebensjahr wirkte er auf viele in seinem familiären Umfeld apathisch, monoton in seiner Sprechweise und auch sein Gang ist geprägt von einer verkrampften Körperhaltung und einer steifen Gehweise. Die Versuche Dahmers Vater, Dahmer für Sport zu begeistern, um ihm damit vielleicht zu helfen, zeigten keine Wirkung. [36]

Dahmers Interesse lag schon in jungen Jahren woanders. Er interessierte sich für die Kadaver toter Tiere. Er machte es sich zum Hobby tote Insekten, Vögel und Nagetiere zu sammeln und Tierkadaver von der Straße zu sammeln, um sie zu sezieren. An lebenden Tieren allerdings hatte er sich noch nie vergriffen, auch seine Haustiere behandelte er stets liebevoll. [37]

Jeffrey Dahmers Kindheit beinhaltete wenig Nähe und Zuneigung von seinen Eltern. Durch die Krankheit seiner Mutter, die Zielstrebigkeit seines Vaters und die häufigen Streitereien in der Ehe beider, kam der junge Dahmer oftmals zu kurz. Diese drastischen Veränderungen und die wenige soziale Zuneigung könnten einer der Auslöser für seine spätere Störung sein. Dahmers Vater selbst gab als möglichen Grund für die Störung seines Sohnes die Medikamenteneinnahme seiner Frau während der Schwangerschaft an. Ob dies allerdings wirklich ein Grund sein könnte und Dahmer somit von Geburt an der dissozialen Persönlichkeitsstörung unterlag, wurde nie herausgefunden.

4.2. Jugend und erste Gewalttaten

Mit der Jugend Dahmers entwickelte sich auch seine Störung zunehmend weiter. Zudem lastete noch ein weiterer Druck auf ihm. Dahmer entdeckte seine Homosexualität, behielt diese aber stets für sich. Auch seine Sexfantasien waren oftmals gewalttätiger Natur und handelten von verstorbenen Männern. [38] Diese Vorlieben nahmen von Jahr zu Jahr zu und entwickelten sich zu einer nekrophilen Neigung. [39] Im Alter von 15 Jahren plante Dahmer seinen ersten Mord an einem Jogger. Diesen Plan setze er allerdings nie in die Tat um, da der Jogger an jenem Tag nicht wie gewohnt erschien. [40]

Auch in der Schule fiel Dahmer auf. Erst galt er als Sonderling unter den Schülern und wurde häufig zum Opfer von Mobbing. [41] Der spätere Alkohol– und Drogenkonsum Dahmers wurde von Familie und Lehrern nicht bemerkt. Dahmer legte eine höfliche und respektvolle Art an den Tag und gab so den Anschein

[36] Vgl. Masters, S. 33 – 35.
[37] Vgl. Masters, S. 23, 25-26, 36 – 38.
[38] Lippold, Markus: Aus der Jugend von Jeffrey Dahmer: Mein Schulfreund, der Serienmörder. n-tv Nachrichtenfernsehen 2013. Online veröffentlicht am 18. Juni 2013. Letzter Zugriff am 21. November um 13:39 Uhr. (https://www.n-tv.de/leute/buecher/Mein-Schulfreund-der-Serienmoerder-article10837241.html)
[39] Vgl. Purcell, Catherine / Arrigo, Bruce A.: The Psychology of Lust Murder: Paraphilia, Sexual Killing, and Serial Homicide. San Diego: Elsevier 2006, S .75 – 76.
[40] Vgl. Masters, S. 41.
[41] Vgl. Schwartz, Anne E.: The Man Who Could Not Kill Enough: The Secret Murders of Milwaukee's Jeffrey Dahmer. Seattle, Washington: Citadel 1991, S. 40.

von Normalität.

Kurz nach seinem Schulabschluss vollbrachte Dahmer dann seinen ersten Mord. Jeffrey Dahmer nahm einen Jungen, welcher von einem Rockkonzert wiederkam, per Anhalter mit zu sich, bot ihm zu Hause etwas Alkoholisches zu trinken an, nur um ihn dort mit einer Hantel zu erschlagen und ihn zu erdrosseln. Er lebte seine Jugendfantasien an der Leiche aus und verging sich sexuell an ihr. Gegen Abend zerstückelte er sie dann, versteckte sie in einem Abflussrohr und holte sie erst nach drei Jahren wieder hervor, um die Knochen zu zertrümmern. Danach verstreute er sie über einem Waldgrundstück. [42]

In den späteren Jahren setzte Dahmer seine Mordserie fort und begann seine Karriere als Serienmörder.

4.3. Überführung, Prozess und Tod

Die weiteren Vorgehensweisen Dahmers ähnelten sich. Oft suchte er sich Männer aus Schwulenclubs und ging mit ihnen in Hotels. Anschließend betäubte er sie, tötete sie, missbrauchte ihre Leichen und entsorgte sie anschließend durch Verstümmelung und Salzsäure. Oftmals aß er ihr Fleisch zudem auch noch, um seinen Opfern noch näher zu sein. [43]

Seine Mordserie endete, als er den 32-jährigen Tracy Edwards mit auf sein Apartment nahm, um auch ihn dort zu überwältigen. Laut Edwards veränderte sich Dahmers Wesen über den Abend hinweg. Von der anfänglichen Nettigkeit und Normalität war später nicht mehr viel übrig, als er bedrohlich wurde und Edwards an einer Hand mit einer Handschelle fesselte und ihn daraufhin mit einem Messer bedrohte. Edwards gelang es die Situation zu entschärfen und Dahmer zu einem Film zu überreden. Als dieser während des Filmes in eine Art Trance verfiel, floh Edwards aus dem Apartment. [44] Edwards schaffte es ein Polizeiauto anzuhalten. Als die Polizisten versuchten die Handschellen des Mannes zu öffnen, dies ihnen aber nicht gelang, begleiteten sie ihn zurück zu dem Apartment, in welchem sich Dahmer noch aufhielt. Dieser ließ die Beamten hinein. Bei der Suche nach dem Schlüssel fanden die Beamten Fotoaufnahmen der vorherigen Opfer Dahmers, sowie später einen abgetrennten Kopf eines zuvor getöteten Mannes. Dahmer wurde überführt. [45]

Während des Verhörs, welches auf insgesamt 60 Stunden kam, legte Dahmer ein 178 Seiten langes Geständnis ab, in welchem er alle seine Taten schilderte. [46]

Nach einem psychiatrischen Gutachten wurde Dahmer als Verhandlungsfähig eingestuft und ihm wurde der Prozess gemacht. In dem Verfahren, in welchem er wegen 15-fachem Mordes angeklagt wurde, ging es allerdings nur um die Frage seiner Zurechnungsfähigkeit. Dahmer hatte mit seinem Geständnis sich seiner Schuld schon bekannt. Der Prozess wurde live im Fernsehen übertragen, mit Sekundenverzögerung,

[42] Vgl. Masters, S. 51 – 55.
[43] Sohr, Tim: Die grausame Geschichte eines Serienmörders, der viel zu lange davonkam. Stern 2017. Online veröffentlicht am 27. Juli 2017. Letzter Zugriff am 21. November um 14:33 Uhr. (https://www.stern.de/panorama/stern-crime/jeffrey-dahmer--die-grausame-geschichte-des-beruechtigten-serienmoerders-7555382.html)
[44] Vgl. Masters, S. 150-152, 181-183.
[45] Vgl. Masters, S. 1-4.
[46] Vgl. Masters, S. 8, 180.

um den Zuschauern die Möglichkeit zu geben, bei Verlesung und Schilderung der Taten Dahmers, auf stumm zu schalten. Die Geschworenen erhielten bei dem Prozess psychologischen Beistand.

Die Verteidiger verlasen ein Gutachten, welches verschiedenste Diagnosen für Dahmers Geisteszustand aufwies. Darunter unter anderem die Borderline Persönlichkeitsstörung, Schizoide Persönlichkeitsstörung, Dissoziale Persönlichkeitsstörung und eine Alkoholkrankheit. [47] Es entstand ein Hin und Her zwischen Gutachtern und Staatsanwaltschaft, die alle unterschiedlichste Dinge behaupteten.

Dahmers Verteidigung plädierte auf schuldig, aber unzurechnungsfähig. Die Jury hingegen erklärte ihn in mit 10 zu zwei Stimmen für zurechnungsfähig. [48] Dahmer erhielt das letzte Wort in diesem Prozess. Er entschuldigte sich für seine Taten und wollte allen mit seinem Geständnis beweisen, dass er nicht aus Hass gehandelt habe. Er sagte, wenn er könnte, würde er die Taten gerne rückgängig machen. Er hoffte, dass durch seinen Fall zukünftig Menschen wie ihm geholfen werden würde. [48] Das Urteil Dahmers besagte 15 aufeinanderfolgende lebenslängliche Strafen, sowie 10 Jahre pro Mord. Das machte insgesamt eine Freiheitsstrafe von mehr als 900 Jahren Gefängnis. [49] In einem weiteren Prozess, in welchem es um sein erstes Opfer ging, wurde er zu einer weiteren lebenslangen Strafe verurteilt.

Dahmer erklärte später in Interviews, dass er für sich selbst die Todesstrafe gewünscht hätte. Diese war in den Jahren der Morde allerdings schon abgeschafft. [50]

Dahmer verbrachte sein erstes Jahr im Gefängnis in Isolationshaft, da man um seine Sicherheit fürchtete. Nach diesem Jahr stimmte Dahmer freiwillig zu in den normalen Vollzug zu gehen, wo später auch ein erster Angriff auf ihn mit Rasierklingen verübt wurde. Diesen überstand Dahmer allerdings fast unbeschadet. [51]

Am 28. November 1994 erfolgte dann ein weiterer Anschlag eines Mitinsassen auf Dahmer mit einer Hantel, wie damals bei Dahmers erstem Opfer. Ein Wärter fand den verletzten Dahmer, doch auch eine Einweisung in ein Krankenhaus konnte ihn nicht mehr retten. Noch am selben Tag verstarb er. Eine Obduktion ergab, dass Dahmer keine Abwehrverletzung aufwies und sich somit seinem Schicksal ergeben hatte. [52]

[47] Dickinson, Chris: The Inner Life of a Psycho Killer: A Conversation With Forensic Psychiatrist Carl Wahlstrom, One of the Expert Witnesses Who Interviewed and Evaluated Jeffrey Dahmer. Chicago Reader 1992. Veröffentlicht am 27. August 1992. Letzter Zugriff am 21. November um 15:18 Uhr. (https://www.chicagoreader.com/chicago/the-inner-life-of-a-psycho-killer/Content?oid=880359)
[48] Johnson, Dirk: Milwaukee Jury Says Dahmer Was Sane. The New York Times 1992. Veröffentlicht am 16. Februar 1992. Letzter Zugriff am 21. November 2018 um 15:27 Uhr. (https://www.nytimes.com/1992/02/16/us/milwaukee-jury-says-dahmer-was-sane.html)
[48] Vgl. Schwartz, S. 216-219.
[49] Vgl. Schwarz, S. 219.
[50] Vgl. Schwartz, S. 216.
[51] Terry, Don: Jeffrey Dahmer, Multiple Killer, Is Bludgeoned to Death in Prison. The New York Times 1994. Veröffentlicht am 29. November 1994. Letzter Zugriff am 21. November um 15:52 Uhr. (https://www.nytimes.com/1994/11/29/us/jeffrey-dahmer-multiple-killer-is-bludgeoned-to-death-in-prison.html)
[52] Pearson, Michael: Jeffrey Dahmer's killer explains why he did it. CNN World 2015. Online veröffentlicht am 30. April 2015. Letzter Zugriff am 21. November 2018 um 16:07 Uhr. (https://edition.cnn.com/2015/04/30/us/feat-jeffrey-dahmer-killer-explanation/index.html)

5. Zusammenfassung und Auswertung

Es ist nie einfach hinter die Facetten eines Menschen zu schauen. Zeigt ein Kind allerdings verhaltensauffällige Muster, ist es wichtig, diese zu beobachten und ihnen eine Bedeutung zuzuordnen. In jungen Jahren fällt es Kindern zunehmend schwerer, ihr bestehendes Empfinden zu überspielen. Je älter sie allerdings werden, desto bewusster wird ihnen ihr Verhalten und sie beginnen die typischen Verhaltensmuster eines Soziopathen zu „überspielen", mit einem scheinbar normalen Verhalten. Im Fall Dahmer kann man dieses Muster gut erkennen. Nach den ganzen Vorfällen mit seinen Eltern, der Krankheit seiner Mutter, der fehlenden Zeit seines Vaters, veränderte sich sein Wesen drastisch nach einer simplen Operation. Dahmers Vater fiel dies zwar auf, wie er später selbst bestätigte, doch weitere Schritte wurden nie eingeleitet. So lernte Dahmer im späteren Alter seine Art mit Normalität zu überspielen und seinen Autoritätspersonen, wie seinem Vater oder seinen Lehrern ein anderes Bild von sich zu geben. Auch Jahre später noch berichteten Kollegen Dahmers, er sei ganz normal gewesen und niemand hätte diese grausamen Taten von ihm erwartet. [53]

Bei Dahmer wurden verschiedene Diagnosen gestellt, unter anderem auch die dissoziale Persönlichkeitsstörung. Vielleicht hätte man ihm nicht alle Neigungen nehmen können, aber man hätte ihm beibringen können, diese zu kontrollieren. Dahmer hat in seiner Kindheit wenig gewalttätiges Potenzial gezeigt. Die Tiere, für die er sich interessiert hat, waren tot, keines davon durch seine Hand. Erst im Jugendalter kam in ihm der Wunsch auf jemanden selbst zu töten. Er hatte nicht das Bedürfnis nach Nähe von einem lebenden Partner. Liebe, Zärtlichkeit, das alles war nie von Bedeutung für ihn. Er hat es immerhin auch nie selbst Erfahren. Seine Mutter litt an Depressionen, war also nicht in der Lage positive Emotionen an ihren jungen Sohn weiter zu geben. Sein Vater arbeitete hart und war wenig für die Familie da. Dahmers Brüder wurden erst nach ihm geboren. Schon in jungen Jahren erlebte Dahmer also einen drastischen Umschwung der Familiensituation. Im Falle seiner Mutter die Art der schwierigen Persönlichkeitsmerkmale und im Falle seines Vaters die Vernachlässigung. Beides sind häufige Gründe für eine dissoziale Persönlichkeitsstörung. Merkmale dieser zeigte Dahmer schon als Kind auf: die Wesensveränderung nach der Operation, die unnatürliche Art des Umgangs mit anderen Menschen ab dem 10. Lebensjahr und später der vermehrte Alkoholkonsum, in welchen keiner eingegriffen hatte.

Kurz vor seinem Urteil sagte Dahmer selbst, dass er hoffe, Menschen wie ihm werde nach diesem Fall geholfen. Dahmer wusste von seinen Problemen, er wusste, dass etwas nicht richtig war. Doch hat er nie Hilfe erfahren.

Und genau solche Fälle sollten vermieden werden. Es ist möglich, Kindern mit antisozialen Verhaltensmustern oder auch aggressiven Verhaltensmustern zu helfen, in ihrem weiteren Leben klar zu kommen.

[53] Kringiel, Danny: Serienmörder Jeffrey Dahmer: Leben mit dem Menschenfresser. Spiegel Online 2012. Online veröffentlicht am 15. Februar 2012. Letzter Zugriff am 22. November 2018 um 11:26 Uhr. (http://www.spiegel.de/einestages/serienmoerder-jeffrey-dahmer-leben-mit-dem-menschenfresser-a-947483.html)

In manchen Fällen wird es wohl nicht möglich sein sie gänzlich zu überschatten (sexuelle Neigungen wie die Dahmers beispielsweise), doch man kann Betroffenen helfen mit diesen umzugehen, sie zu kontrollieren und trotzdem mit ihnen zu leben. Zwar benötigt so etwas eine lange und intensive Therapie, doch wenn ein Mensch gewillt ist, dies zu tun und man ihm schon von klein auf zeigt, dass er nicht alleine ist, so ist es möglich, dies in das normale Leben mit einzubauen. Das Wichtigste dabei ist hier die Art des Vertrauens und das Wissen, nicht allein zu sein. Kinder brauchen Schutz und das Gefühl von Geborgenheit. Fehlt dieses auf lange Sicht, so fehlt irgendwann das Vertrauen in andere Menschen, wodurch sich das Kind im späteren Alter nicht mehr sicher fühlen kann. Kinder lernen besonders in ihren ersten Lebensjahren mit Gefühlen umzugehen und diese in ihrem Leben mit zu integrieren. Später dann lernen sie sich der Welt anzupassen, wie sie aber ihre inneren Defizite deuten sollen, bleibt oft ein Rätsel. So entsteht Frust, Wut und Ungeduld. Und irgendwann ist es trotz äußerer Anpassung für einen Menschen nicht mehr möglich seine Gefühlswelt zu kontrollieren.

Die These dieser wissenschaftlichen Arbeit war, **dass gewalttätige Erwachsene, die in das Muster eines Soziopathen fallen, in ihrer Kindheit ein oder mehrere traumatische Erlebnisse erfahren haben müssen, die ihre gewalttätigen Züge so ausgeprägt haben.** Der These kann nicht vollständig zugestimmt werden. Es ist möglich auch ohne traumatische Ereignisse dissoziale Züge aufzuweisen, etwa durch einen biologischen Grund wie eine Vererbung oder einer Störung im Bereich der Neurotransmitter. Somit wäre nicht das soziale Umfeld zwangsweise ein Grund, sondern eine angeborene Störung. Weist ein Kind von Geburt an diese Störung auf, so kann man diese eindämmen, etwa mit einer Therapie oder einem bestimmten Erziehungsansatz.

Jedoch ist es trotzdem möglich, dass sich diese Störung verschlimmert, sollte ihr nicht nachgegangen werden oder soziale Einflüsse sie noch verstärken. Sollte dies der Fall sein, so ist die Wahrscheinlichkeit ziemlich hoch, dass diese Kinder später größere soziale Probleme haben werden und auch zu einem sehr aggressiven und gewalttätigen Verhalten neigen. Mit „Nicht-handeln" neigt diese Art der Persönlichkeitsstörung also dazu sich weiter auszuprägen.

Um diese Ausprägung zu vermeiden ist es besonders wichtig wachsam zu sein. Sozialer Umgang kann viel in einem Menschen bewirken, besonders bei einem so unerfahrenen Menschen wie einem Kind. Kinder lernen erst noch ihre Welt zu verstehen und beim lernen benötigt es Hilfe. Im Fall Jeffrey Dahmer war es dafür zu spät. Seine Hilfe kam nie und so musste er lernen sich auf seine eigene Weise zu helfen, auch, wenn er es selbst nicht wusste.

Kinder sind unsere Zukunft. Und wir entscheiden, mit jedem Schritt, den wir tun oder nicht tun, in welche Richtung wir ihre Zukunft leiten.

Quellenverzeichnis

Buchquellen

Preuß, Ulrich / Freisberg, Regina (Hgg.): Störungen des Sozialverhaltens und Dissozialität. Entwicklungspsychologie, pädagogische Konzepte, Delinquenz, Begutachtung. Berlin: MWV Medizinisch Wissenschaftliche Verlagsgesellschaft, 2014.

Köhler, Thomas: Biologische Grundlagen psychischer Störungen. Göttingen; Bern; Wien [u.a.]: Hogrefe, 2., überarb. Aufl., 2005

Petermann, Franz; Döpfner, Manfred; Schmidt, Martin H.: Aggressiv-dissoziale Störungen. Göttingen; Bern [u.a.]: Hogrefe, Verl. für Psychologie, 2001.

Deegener, Günther; Körner, Wilhelm (Hgg.): Gewalt und Aggression im Kindes- und Jugendalter: Ursachen, Formen, Intervention. Weinheim; Basel: Beltz, 2011.

Rotgers, Frederick; Maniacci, Michael (Hgg.): Die antisoziale Persönlichkeitsstörung: Therapien im Vergleich: ein Praxisführer. Bern: Huber, 2007.

Masters, Brian: The Shrine of Jeffrey Dahmer. London: Hodder & Stoughton, 1993.

Purcell, Catherine; Arrigo, Bruce A.: The Psychology of Lust Murder: Paraphilia, Sexual Killing, and Serial Homicide. San Diego: Elsevier 2006.

Schwartz, Anne E.: The Man Who Could Not Kill Enough: The Secret Murders of Milwaukee's Jeffrey Dahmer. Seattle, Washington: Citadel 1991.

Internetquellen

Anft, Michael: Dahmer's dad puts blame on himself. The Baltimore Sun 1994. Online veröffentlicht am 9. März 1994. Letzter Zugriff am 21. November 2018 um 12:49 Uhr. (http://articles.baltimoresun.com/1994-03-09/features/1994068149_1_dahmer-hinckley-jeffrey)

Rupp, Christian: Psychopath, Soziopath & Co: Unterschiede, Ursachen & Therapie. PRAXIS FÜR PSYCHOTHERAPIE CHRISTIAN RUPP 2013. Online veröffentlicht am 22. April 2013. Letzter Zugriff am 19. November 2018 um 12:13 Uhr (https://psychotherapie-rupp.com/tag/dissoziale-personlichkeitsstorung/)

Lippold, Markus: Aus der Jugend von Jeffrey Dahmer: Mein Schulfreund, der Serienmörder. n-tv Nachrichtenfernsehen 2013. Online veröffentlicht am 18. Juni 2013. Letzter Zugriff am 21. November um 13:39 Uhr. (https://www.n-tv.de/leute/buecher/Mein-Schulfreund-der-Serienmoerder-article10837241.html)

Sohr, Tim: Die grausame Geschichte eines Serienmörders, der viel zu lange davonkam. Stern 2017. Online veröffentlicht am 27. Juli 2017. Letzter Zugriff am 21. November um 14:33 Uhr. (https://www.stern.de/panorama/stern-crime/jeffrey-dahmer--die-grausame-geschichte-des-beruechtigten-serienmoerders-7555382.html)

Dickinson, Chris: The Inner Life of a Psycho Killer: A Conversation With Forensic Psychiatrist Carl Wahlstrom, One of the Expert Witnesses Who Interviewed and Evaluated Jeffrey Dahmer. Chicago Reader 1992. Veröffentlicht am 27. August 1992. Letzter Zugriff am 21. November um 15:18 Uhr. (https://www.chicagoreader.com/chicago/the-inner-life-of-a-psycho-killer/Content?oid=880359)

[48] Johnson, Dirk: Milwaukee Jury Says Dahmer Was Sane. The New York Times 1992. Veröffentlicht am 16. Februar 1992. Letzter Zugriff am 21. November 2018 um 15:27 Uhr. (https://www.nytimes.com/1992/02/16/us/milwaukee-jury-says-dahmer-was-sane.html)

Terry, Don: Jeffrey Dahmer, Multiple Killer, Is Bludgeoned to Death in Prison. The New York Times 1994. Veröffentlicht am 29. November 1994. Letzter Zugriff am 21. November um 15:52 Uhr. (https://www.nytimes.com/1994/11/29/us/jeffrey-dahmer-multiple-killer-is-bludgeoned-to-death-in-prison.html)

Pearson, Michael: Jeffrey Dahmer's killer explains why he did it. CNN World 2015. Online veröffentlicht am 30. April 2015. Letzter Zugriff am 21. November 2018 um 16:07 Uhr. (https://edition.cnn.com/2015/04/30/us/feat-jeffrey-dahmer-killer-explanation/index.html)

Kringiel, Danny: Serienmörder Jeffrey Dahmer: Leben mit dem Menschenfresser. Spiegel Online 2012. Online veröffentlicht am 15. Februar 2012. Letzter Zugriff am 22. November 2018 um 11:26 Uhr. (http://www.spiegel.de/einestages/serienmoer-der-jeffrey-dahmer-leben-mit-dem-menschenfresser-a-947483.html)

BEI GRIN MACHT SICH IHR WISSEN BEZAHLT

- Wir veröffentlichen Ihre Hausarbeit, Bachelor- und Masterarbeit

- Ihr eigenes eBook und Buch - weltweit in allen wichtigen Shops

- Verdienen Sie an jedem Verkauf

Jetzt bei www.GRIN.com hochladen und kostenlos publizieren